了不起的大脑

[英] 费利西娅·劳 格里·贝利 著
[英] 麦克·菲利普斯 绘
雍寅 译

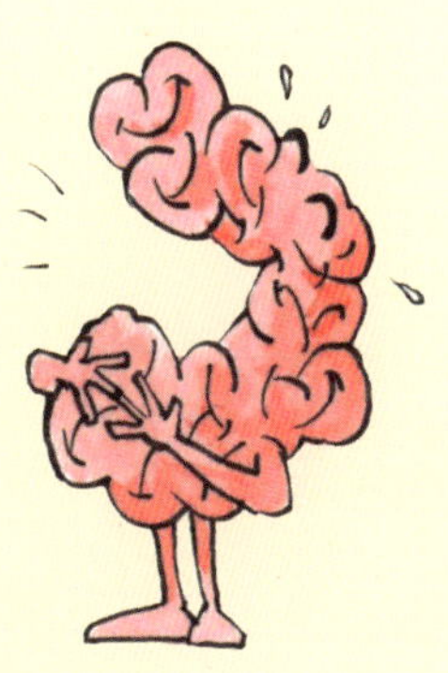

·北京·

目录

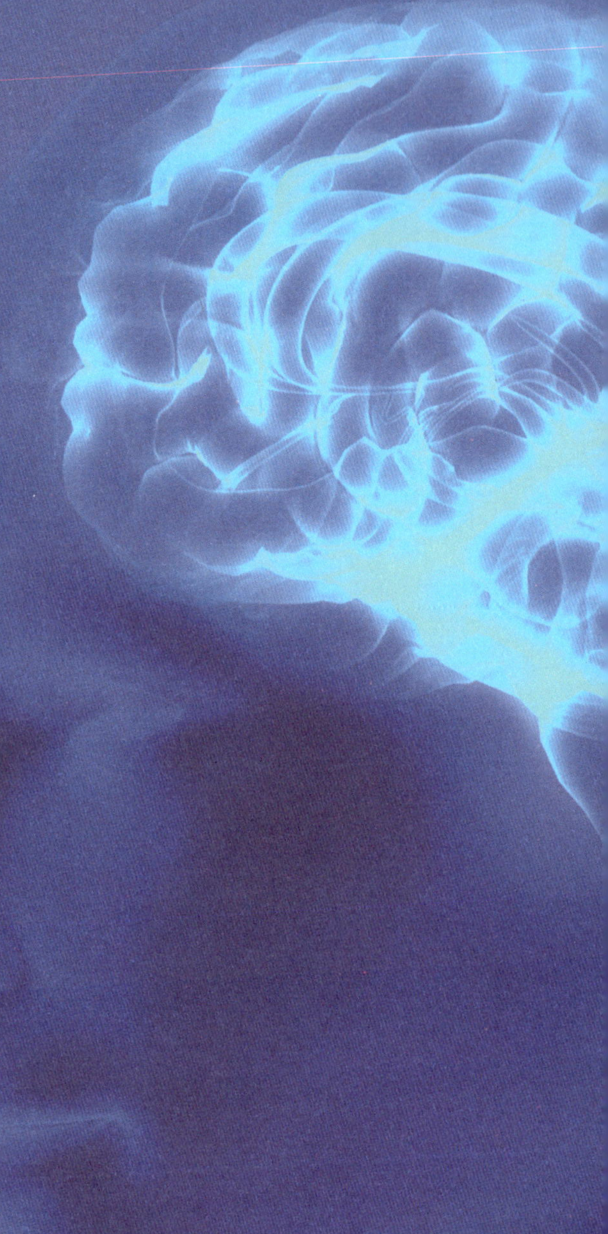

引言

尽管科学家没有彻底弄明白人脑的工作机制，但是他们已经掌握了大量的信息。因此，对于这一神奇的器官，我们还是有一定了解的。

人脑掌控着一切！我们所做的大部分事情——思考、记忆、运动和决策等——都由它来控制。有时它负责发出指令——例如，当我们想要拿起一个杯子时，人脑就会命令手臂去完成这一动作。有时它也会自主行事——例如，它能控制心脏的跳动，即使我们睡着了，身体也会正常运转。

或许人脑看起来其貌不扬，但是它手下有好几位了不起的“大将”，让它能赛过任何计算机。

最重要的是，它完全属于你！

越来越大

最初的时候，人脑没有现在这么大，也没有这么聪明。事实上，经过了漫长的700万年，人脑才长到最初的3倍大小。而且，这一变化主要发生在过去的200万年里。

当然，我们没法称重或者测量远古时期的人脑。它们早已经腐烂了。不过，我们挖掘出了许多古人类的头骨。科学家可以通过测量头骨的容积推断早期人脑的大小。

在人类前三分之二的历史中，我们和类人猿（也就是如今现存的猿类）的脑子差不多大。著名的“露西化石”（一具属于南方古猿的古人类化石）的脑容量约为400～500毫升。黑猩猩的脑容量大约为400毫升。

南方古猿生活在距今约320万年前。后来，它们的脑子开始发生变化，有一部分开始慢慢变大——也就是进化了。随着脑容量的增加，古人类也变得更加聪明。

大约190万年前，人类进化成为一种更加智慧的物种——“能人”。此时，人脑已经出现了控制语言的部分。

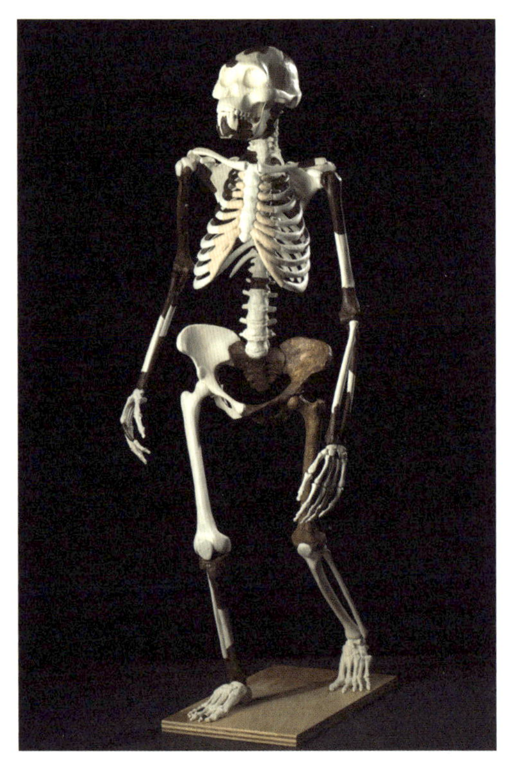

在埃塞俄比亚出土的骨化石碎片的基础上，科学家还原出了露西化石的全貌。

到了50万年前，人的脑容量从400毫升增长至超过1000毫升。人类进化的分支“智人”（也就是我们）的脑容量已经达到1200毫升，与现代人基本相同。

迎接挑战

人脑的形状也会根据需要（例如，规划、交流、解决问题等）而发生相应的改变。

脑容量的增加（尤其在20万到80万年之间）可能与气候变化有很大的关系。在面对冰川期严酷的生存现实时，脑容量大是一种优势。随着人口的增长和迁移，人类一方面要学着争夺生存资料，另一方面还要学会彼此相处。在争夺食物和空间的过程中，人也变得越来越聪明。

因此，为了迎接更艰巨的挑战，人类就会进化出更复杂的头脑。

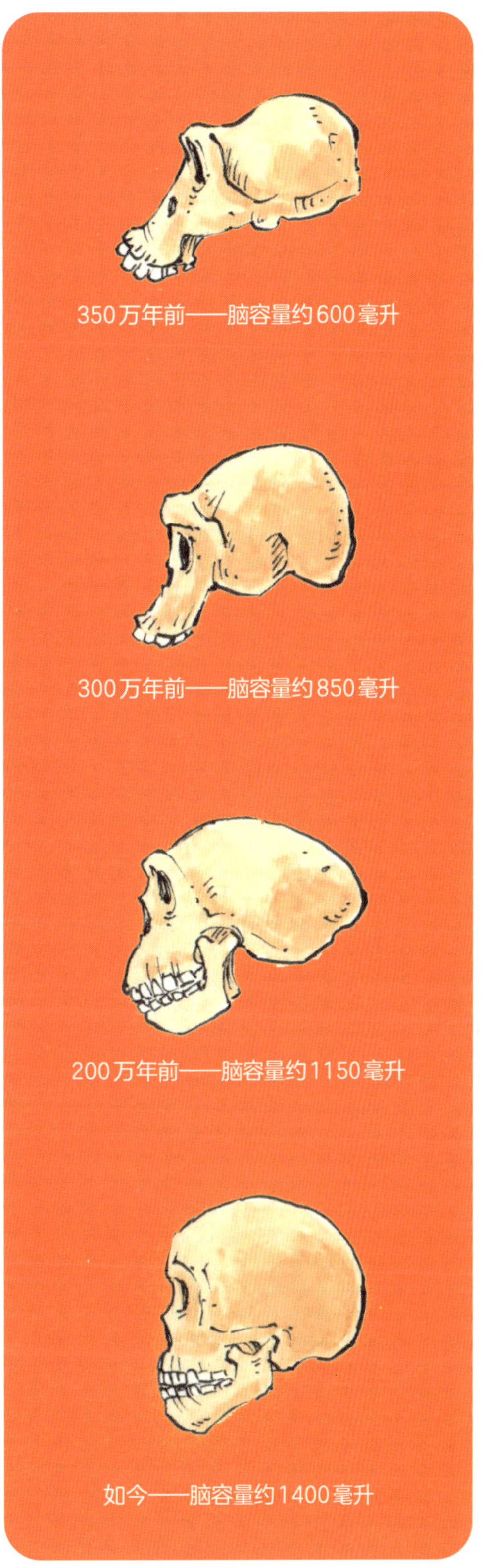

日益复杂

除了脑容量不断增长，人脑的复杂程度也在日益增加。与其他动物相比，人类拥有相较于体型来说最复杂的大脑。

人脑的变化

发生变化的不仅仅是脑容量。在长期的进化过程中，人脑的各个部分都出现了变化。有的不但形状与过去不同，就连功能也有所改变。

科学家认为，人脑形状之所以发生变化，一方面是为了更好地适应生存环境，另一方面可能受到了基因突变的影响。基因是构成人体细胞的一种复杂物质。正是基因决定了我们的样貌和行为方式。

科学家将这种不断变化的能力称为“可塑性”——这可不是说人脑是塑料做成的，它指的是人脑能在细胞之间重新建立联系。

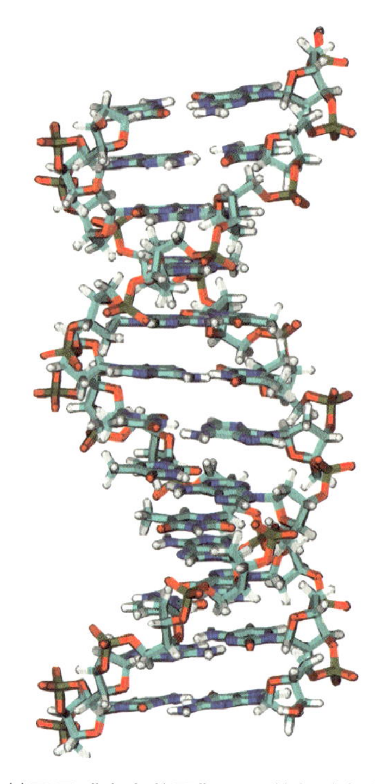

基因是“生命蓝图”DNA的组成部分。

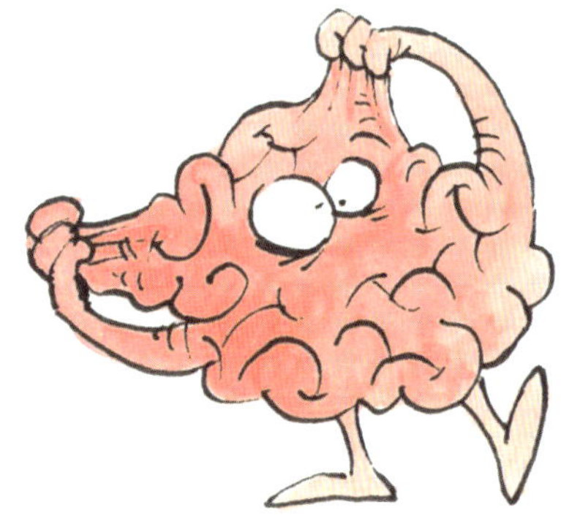

我们的基因

人体内每个细胞中都含有染色体，它由一串长长的、螺旋状DNA所组成。DNA是大多数生物体内含有的一种酸。基因是DNA上的一个片段，它掌控着我们的生命密码。

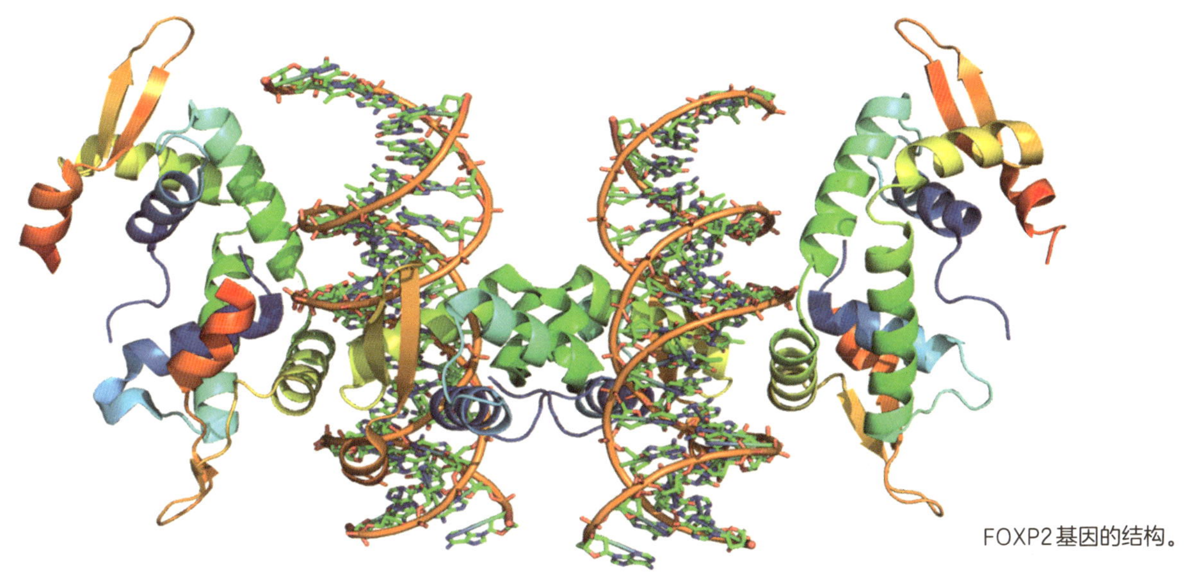

FOXP2基因的结构。

会说话

人类与其他动物的区别之一就是拥有语言功能。我们可以使用大量词汇，表达各种意思，轻松有效地进行交流。与其他交流能力有限的动物相比，这是人类的明显优势。

特殊基因

科学家发现人类含有一种特殊的基因——FOXP2。虽然其他动物体内也有FOXP2，但只有人类发展出了语言能力。

FOXP2是人脑中最复杂的东西。它控制着我们学习动作序列的能力。正因为如此，我们的喉部肌肉才能形成发声所必需的力量和动作。

解剖课开始啦

人脑长在人体最高的地方，也是整个头部的最高处。那么，是不是所有动物的大脑都长在同样的位置呢？

嗯，大部分是这样的。似乎那里才是最适合它的地方。毕竟它掌管着一切嘛。

层层包裹

人脑周围包裹着三层组织（类似皮肤和肉的东西）。除此之外，它还受到颅骨和防震液体的保护。当我们运动时，这些液体可以防止人脑与颅骨内壁发生碰撞。

头皮和颅骨

覆盖于颅骨之外的一层皮肤叫作头皮。头皮下方的骨头合称为颅骨。

颅骨有八块骨头包围着人脑，它们被称为脑颅。骨头之间相连的地方叫作颅缝。

我们刚出生的时候，颅缝的间隙很宽；但是随着年龄增长，它们就会闭合起来。

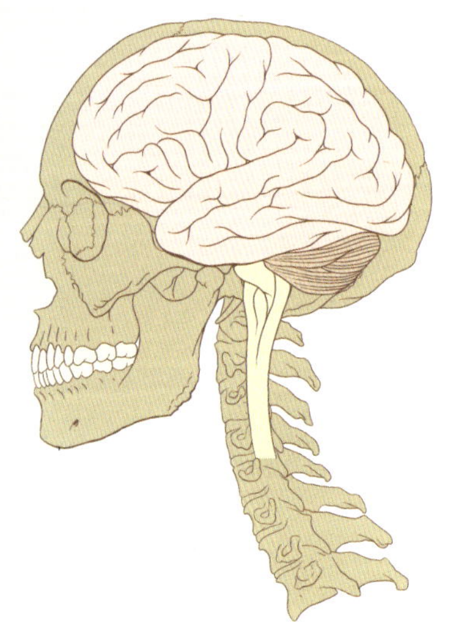

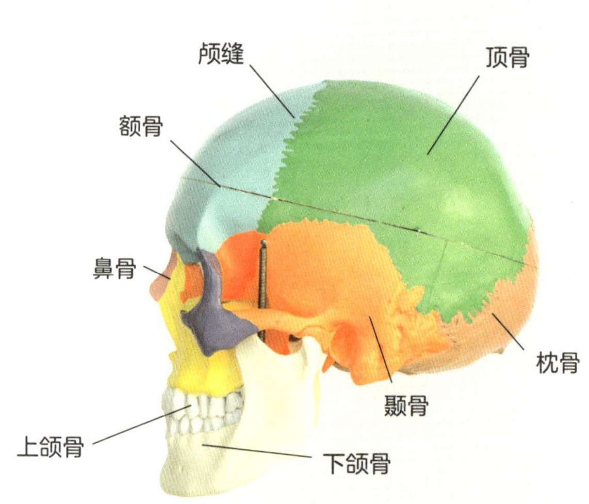

额外的保护

颅骨下方还有三层膜，科学家将它们合称为脑膜。这三层膜在人脑周围形成衬垫，以提供更多的保护。

最外面一层坚韧而厚实的膜叫作硬脑膜。它能让人脑在颅骨内不会剧烈晃动，否则会拉扯甚至破坏血管。

中间一层膜叫作蛛网膜。因为它看起来很像蜘蛛网。

最里面一层膜叫作软脑膜。

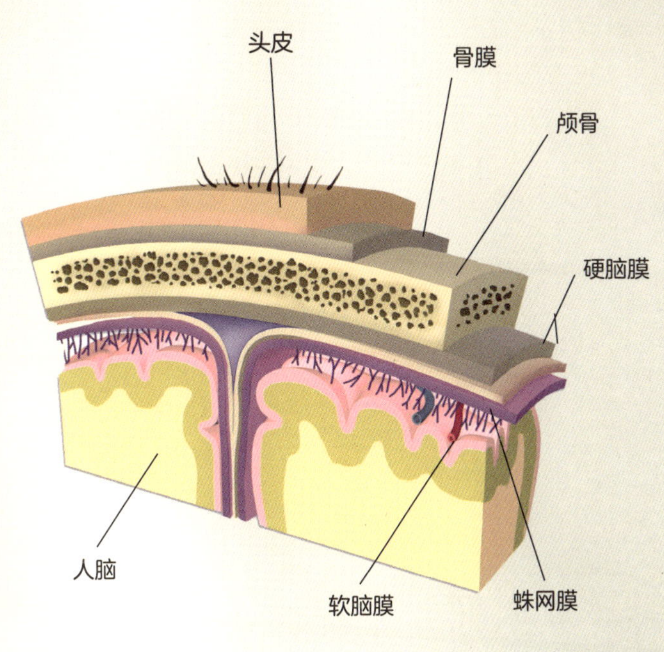

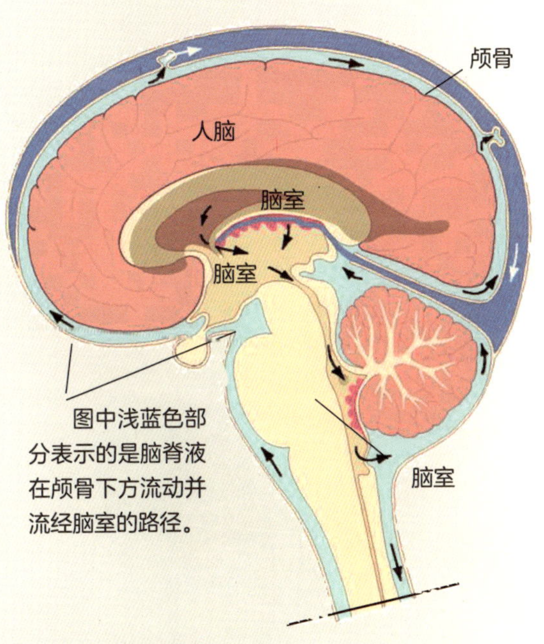

图中浅蓝色部分表示的是脑脊液在颅骨下方流动并流经脑室的路径。

脑脊液

脑脊液是一种无色液体，它相当于给人脑装备了一层衬垫，或者说减震器。如果我们的头部遭受撞击，它可以起到缓冲保护的作用。

脑脊液分布在人脑和颅骨之间。此外，它还填满了脑内的空腔，并且能够缓和脊髓沿脊柱流动时产生的压力。

今天的解剖课就上到这儿啦！

获取信息

人脑不但接收来自身体各个部位和外界的信息，还能将信息发送回身体。它的作用有点类似于一个呼叫中心：通过电话或者计算机将电子信息送进送出。只不过人脑传递信息用的不是电话线，而是一个名叫神经系统的结构。顺便说一句，它也用电。

神经系统

人脑是神经系统的一部分。它与脊髓一起构成了中枢神经系统。信息就是通过这个系统进行传递的。

神经系统是由一种名叫神经元的神经细胞构成的。神经元连接在一起形成了神经纤维。这些神经纤维就像老式电话线一样，可以用来传递信息。

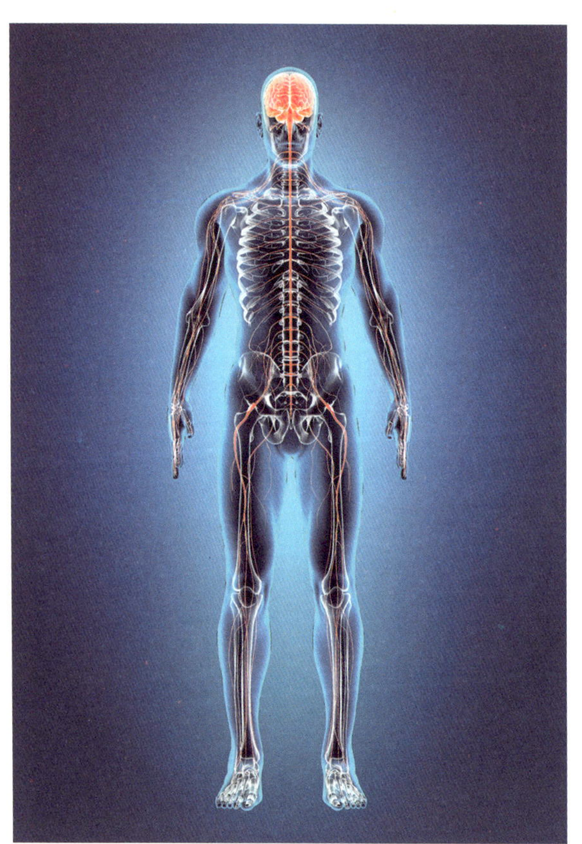

神经网络遍布全身各处。

感觉

从很小的时候起，感觉就让我们能够感知彼此，认识外界。我们可以聆听声音，观赏风景，品尝美食。我们还会嗅闻、触摸和移动。

所有的感觉都是通过神经元将信息传递给人脑的。这些信息沿着神经纤维（由连成串的神经元组成）到达人脑的神经元，再进行处理。比如，当我们吃了咸的东西时，脑子就会识别出“咸味”这一信息并立刻告诉我们。

我们在很小的时候就有了触觉。

空间感能让我们在运动中辨识物体的位置关系。

味觉能让我们分辨自己喜欢和讨厌的食物。

嗅觉与鼻子里的神经末梢有关。

我们的视觉非常发达。

听觉也很发达。

不同的神经，不同的功能

★颅神经通过眼睛、耳朵、喉咙、舌头和面部皮肤获取和传递信息。

★脊髓通过四肢和躯干获取和传递信息。

★感觉神经通过感觉器官收集信息并发送给人脑。

★运动神经将人脑的指令沿另一条神经元通路发送回身体。

神经元网络

人脑中有一种神经细胞叫作神经元。事实上，神经元数量庞大，足有几十亿个，它们分布在人脑和脊髓当中（脊髓里是长长的一束神经元），这就是我们神经系统的基本构成。有了这套网络，信息便可以在身体和脑部之间进行传递。

神经通路

每一个神经元都和其他神经元相互连接，形成了成串的神经元，也就是神经通路。信息就是沿着这些通路来传递的。

我们生来就拥有所必需的全部神经元。只不过它们一开始并不是相互连接的。随着我们不断学习，信息就从一个神经元传递到另一个神经元，同样的信息传递次数越多，传递这一信息的通路就会变得越强。

学习如何用键盘打字。

这就和我们学习用键盘打字是一样的道理。

刚开始的时候，我们必须提前想好每个键的位置，才能动手按下它。随着我们打字次数增多，就不用再去考虑手指的摆放。因为我们在脑子里已经建立了一条“熟知键盘”的通路。

神经元家族

神经元的种类成千上万。科学家认为有多达1万种神经元，它们的形状大小各不相同。最小的神经元直径只有4微米（1微米等于1000分之1毫米），最大的直径有100微米。

神经元里有一个细胞核，里面含有遗传基因，这一点与其他细胞类似。不同的是，神经元还有一些长得像树枝一样的特殊部分，叫作树突和轴突。

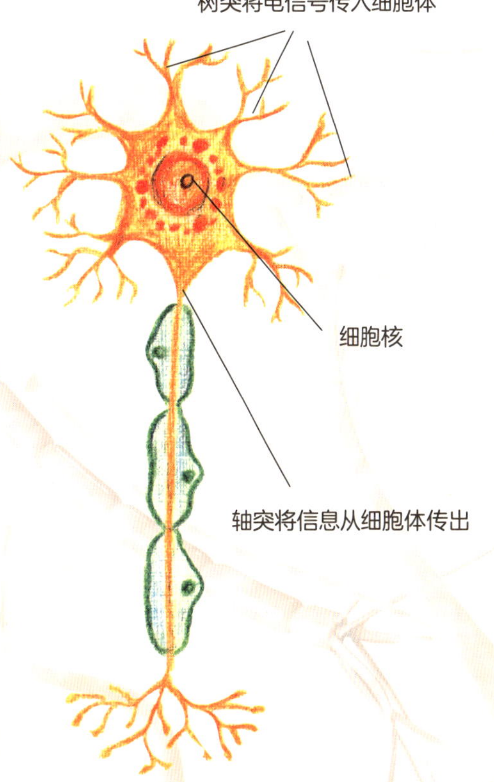

注意“间隙”

实际上，神经元就是一个携带电脉冲的细胞。神经元彼此之间并不接触。它们的外部边缘（也就是突触）存在非常微小的间隙。

突触就是通过这个间隙来传递电脉冲或者化学物质的。这样一来，信号就可以从一个神经元传递到另一个神经元了。

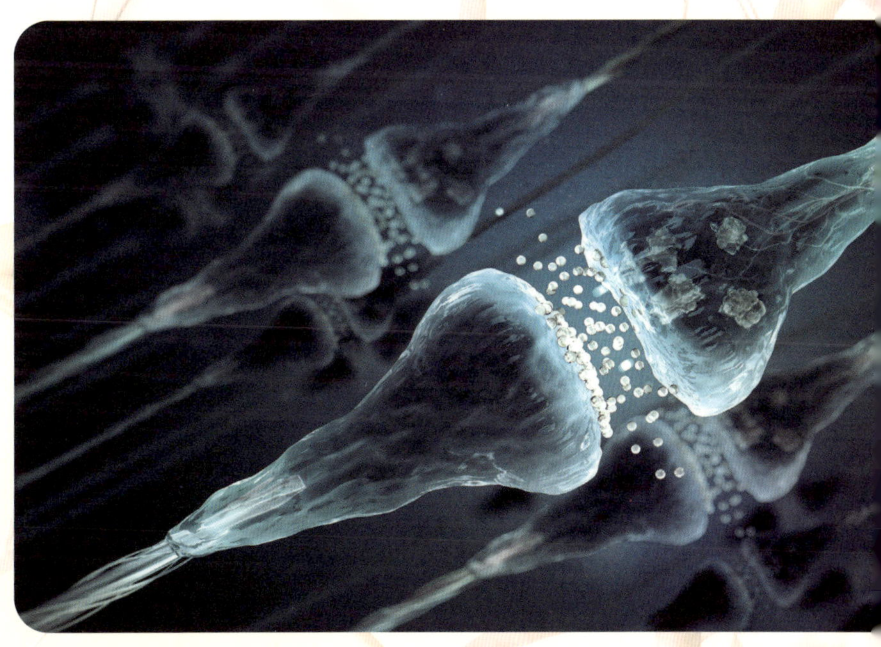

突触和神经元细胞传递电化学信号。

大小重要吗

成年人的脑平均质量为1300至1400克。它包含了大约1000亿个神经元，其中很大一部分聚集在大脑皮层——也就是大脑最外面满是褶皱的那一层。

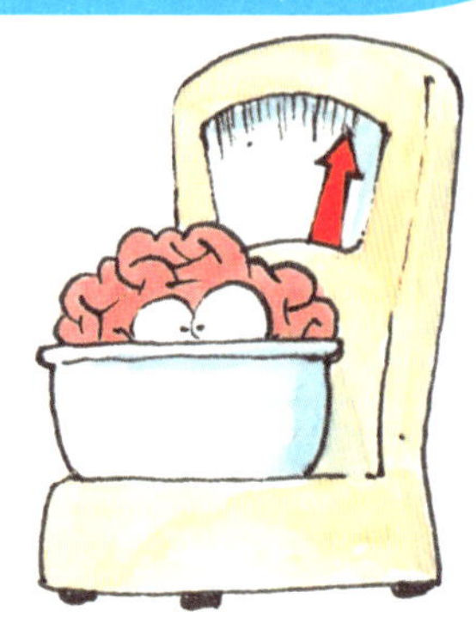

大脑重未必更聪明

一些体型较大的动物的大脑也很重。例如，大象的大脑重约4800克。但是，这并不代表大象比其他大脑较轻的动物更聪明。体型较大的动物之所以大脑也重，是因为它需要控制更多、更大块的肌肉。此外，皮肤面积越大，大脑需要处理的信息也就越多。但是，大脑的轻重与聪明程度没有关系。判断聪明与否的最佳标准是大脑皮层中神经元的数量。

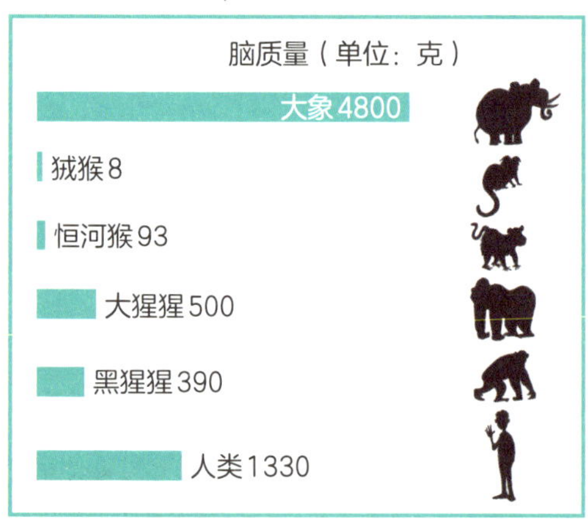

抹香鲸拥有全世界最重的大脑——足有7800克。

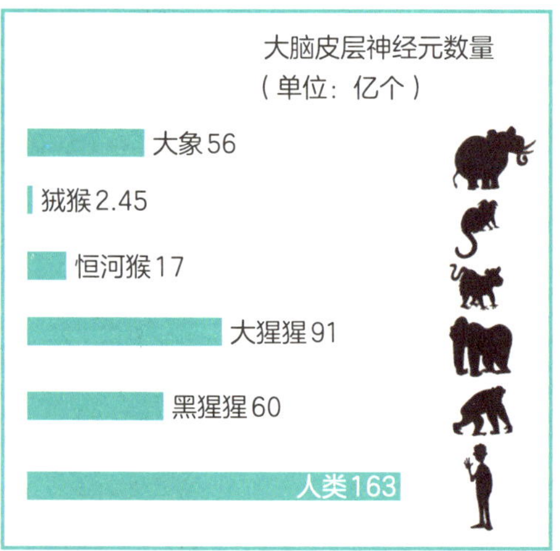

团队协作

人脑由不同的部分组成，它们协同合作，就像团队一样。其中有三位主要成员：大脑、小脑和脑干。

大脑的手下还有几名重要“员工”，例如下丘脑、垂体和海马体。它们每一个都有自己特殊的职责。

团队协作能让我们变得更强，更加出色地完成任务！

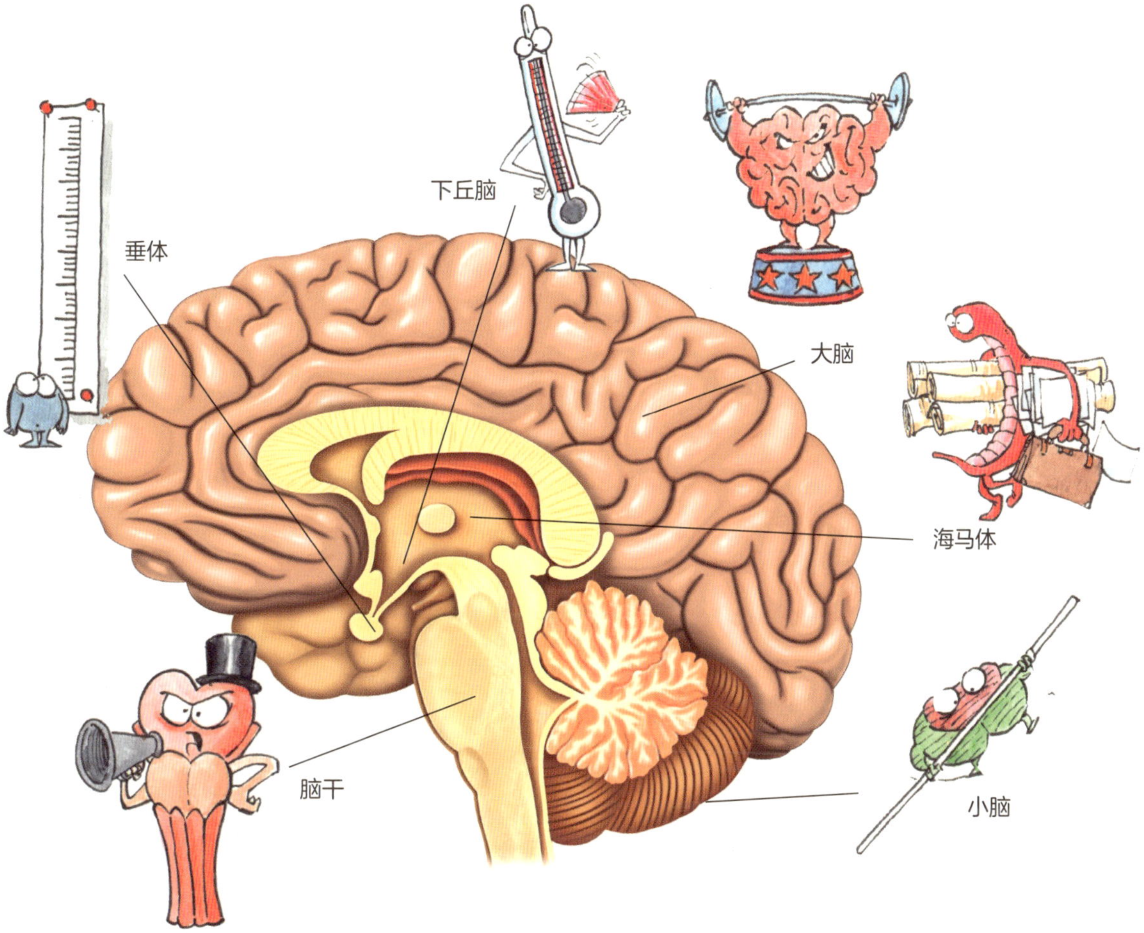

下丘脑

垂体

大脑

海马体

脑干

小脑

接下来，让我们逐一认识一下团队的成员。

大脑

大脑是人脑中最大的组成部分。它约占整个人脑三分之二的质量。大脑分为左、右大脑半球，被一层神经细胞——大脑皮层——包裹了起来。

一分为二

大脑被一道深沟分成了两个半球。每个半球控制身体的不同部分：右半球控制身体的左侧，而左半球控制身体的右侧。

大脑左半球主要掌管语言功能，右半球则负责处理视觉和空间信息。空间信息能让我们了解物体距离的远近。

运动与思考

我们用大脑进行思考。大脑可以分为四个脑叶，分别掌管不同的功能。它们具体都做些什么呢？

额叶负责思考或者处理难题。它能帮助我们制订计划、开口讲话、表达情绪和解决问题。

顶叶与运动、定位、识别和感知刺激有关。

枕叶帮助我们理解所看到的事物。

颞叶不仅能让我们聆听并识别所听到的声音，还有助于记忆和语言表达。

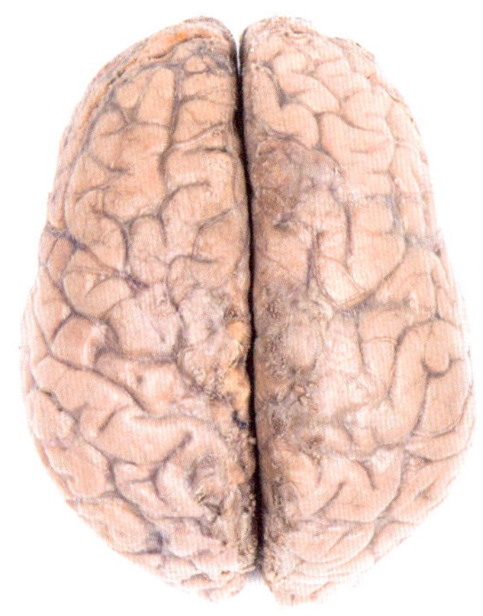

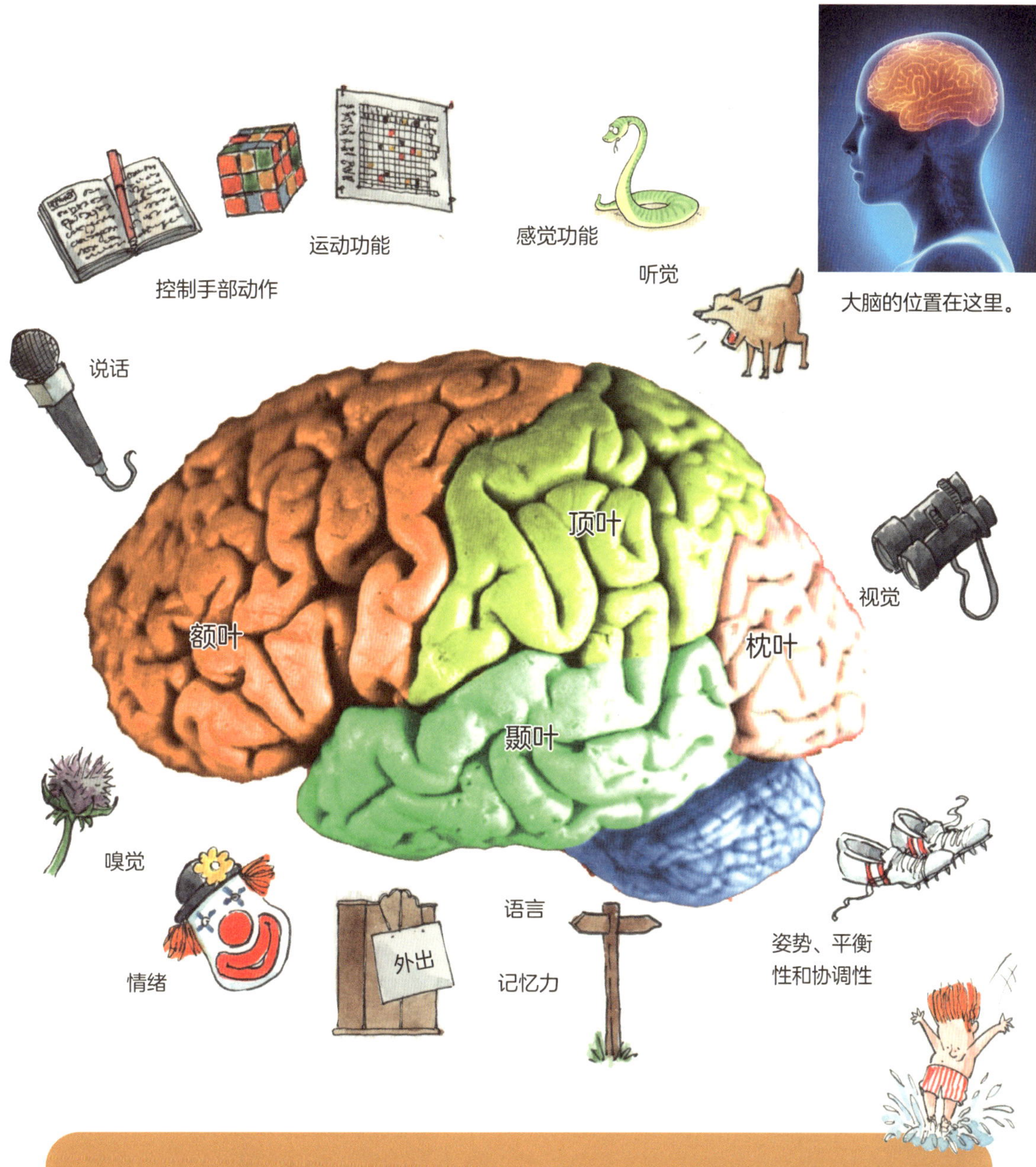

记住了吗

我们有两种类型的记忆——短期记忆和长期记忆。这两种记忆都被储存在大脑里。短期记忆与我们刚刚做过的事有关，比如昨晚玩了什么游戏；长期记忆是指一段时间以前发生的事，比如上次我们度假去了什么地方。

下丘脑

人体是如何保持自身温度不变的呢？其实，它自带了一个“自动调温器”（类似于我们用来控制房间温度的小装置）——下丘脑。

正常体温

人体必须一直处于某个特定温度才能正常运转。下丘脑最清楚这个温度值是多少。我们大多数人的体温都恒定在37摄氏度左右，清晨的时候可能会稍微低一点。

出汗与发抖

如果我们体温过高，下丘脑就会命令身体排汗。排汗有助于身体降温。下丘脑发现体温升高，就会发出信号，扩大毛细血管（一种很细小的血管）。于是，血液很快就会冷却下来。

如果我们感觉寒冷，下丘脑就会让身体发抖。抖动可以令我们暖和起来。出汗和发抖都是下丘脑努力让体温恢复正常的表现。

发烧了

生病时我们往往会发烧。测量体温后，如果它高于正常值，就说明我们发烧了。其实，发烧还与我们的“自动调温器”下丘脑有关。

下丘脑非常清楚人体正常的体温值。但是，当病菌（细菌或者病毒）入侵我们的身体时，一些化学物质就会被释放到血液里。一旦下丘脑检测到这些化学物质，就会提高“调温器”的温度设定。此时，我们的体温就不再是37摄氏度，而有可能上升到40摄氏度。

科学家认为，体温升高是身体抵御疾病的一种方式，因为病菌不喜欢高温的环境。

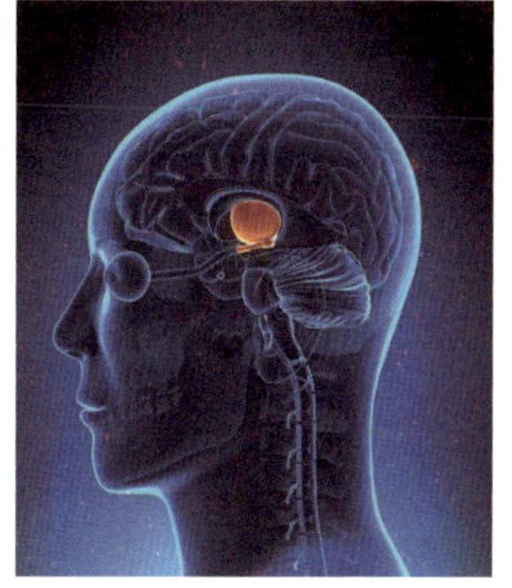

下丘脑的位置在这里。

保持平衡

下丘脑还能分泌出一种化学物质——激素，它能够调节人体的水的平衡、摄食乃至情绪反应。下丘脑可以维持这些自主神经系统处于平衡状态。它随时接收身体发来的信号，一旦出现问题，就会做出必要的调整。

垂体

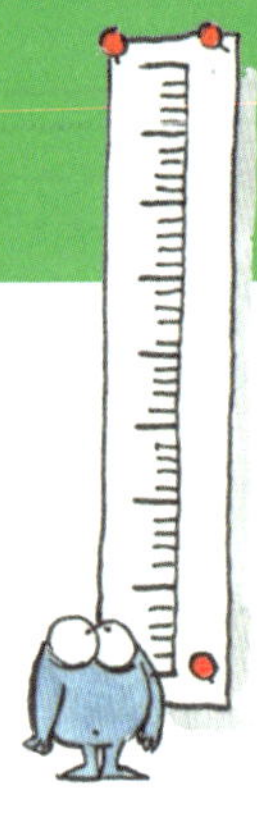

垂体很小，就和一粒豌豆差不多大。它位于人脑的深处，脑干的前面。它能分泌激素，并将激素释放到血液以及其他流经身体的液体中。

激素

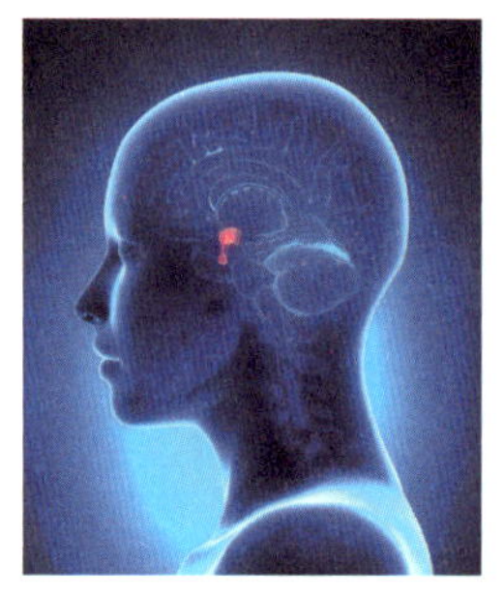

小小的垂体就在这里。

激素是一种特殊的化学物质，能为人体带来各方面的好处。激素最重要的作用之一就是帮助我们成长发育。我们还在妈妈肚子里的时候，激素就不断向大脑发出指令，确保我们从婴儿顺利长大成人。

进入青春期以后，激素就变得尤为重要。

在这个阶段，我们的身体正在经历由儿童到成人的转变。此时，控制发育的激素变得格外活跃，它们会告诉身体应该在什么时候开始成长变化。而产生这些激素的部位正是垂体。

因此，是垂体在帮助我们成长。

其他激素

除了促进生长发育的激素外，垂体还会分泌其他激素，例如，控制体内糖分和水分的激素。激素还可以平衡体内的矿物质（比如钙和镁）。它们有助于维持正常的新陈代谢（也就是身体消耗食物来产生能量的过程）。激素的作用还有很多——帮助我们消化食物、呼吸，以及控制血液循环。

协同合作

下丘脑、垂体，再加上肾脏上方的一个小腺体，它们经常协同合作，是非常了不起的团队。

遇到危险时，它们能保护我们；碰到紧张或棘手的事情时，它们能让我们保持冷静。

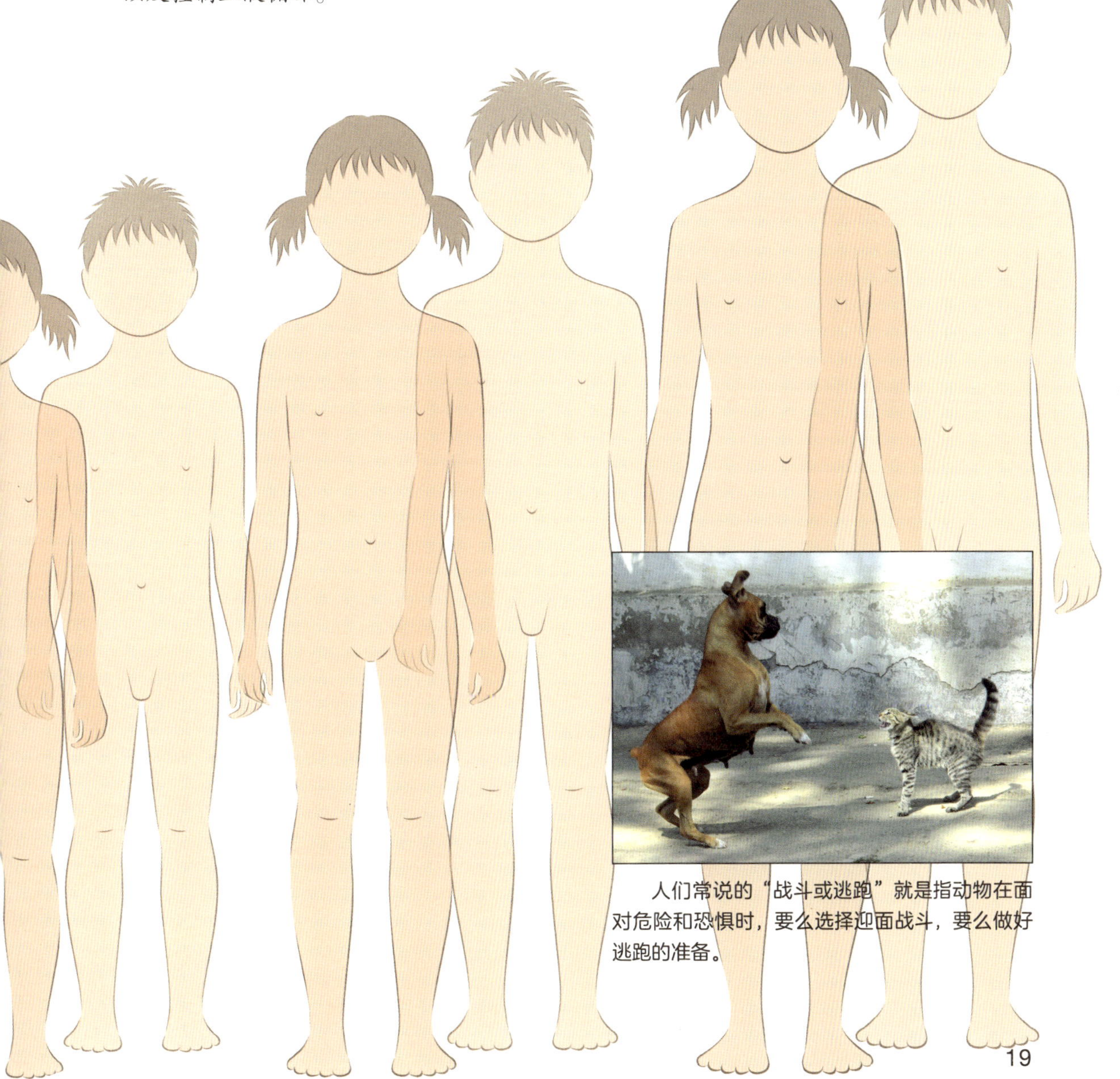

人们常说的“战斗或逃跑”就是指动物在面对危险和恐惧时，要么选择迎面战斗，要么做好逃跑的准备。

海马体

还记得开学第一天或者去海滩旅行时的事情吗？这些都属于我们记忆的一部分。位于人脑深处的海马体与记忆的关系十分密切。记忆就是在这里形成并储存起来的。

记忆库

记忆对人类真的很重要，因为我们学习和回忆都离不开它。海马体与创造、分类和储存记忆这一系列过程有关。

我们已经知道，人脑具有可塑性，也就是说它能发生改变。这些变化会沿着神经元（或脑细胞）通路出现。当我们有了新的经历、记住新的信息或者学习新的事物时，就会产生这种变化。而且，所有信息都被送入并储存在海马体当中。

保存与联想

海马体并不只是一个巨大的“文件柜”。没错，它的确存储了所有信息，但是它也能让我们将刚发生的事情与相似的记忆片段联系起来。

例如，它会让我们把看望爷爷奶奶这件事与房间内的陈设、气味和声音联系起来。这样一来，整个经历便拥有了特殊的意义。

帮助学习

海马体通过整合不同时间的记忆片段帮助我们学习。它将新近的经历形成短期记忆，并将它们储存起来，进而转变为长期记忆。

例如，在学习乘法表的时候，我们采取的办法是按顺序记住所有的数字。通过反复地“访问”这些数字，我们就能以逻辑的方式去记忆。渐渐地，我们也会变得更加善于识别这种重复模式。

同时，我们建立了相互关联事物的记忆库。我们记忆的“画面”也变得越来越清晰。

空间感

海马体还能帮助我们分辨物体的大小、远近和形状，让我们拥有良好的空间感知能力，能够行动自如。

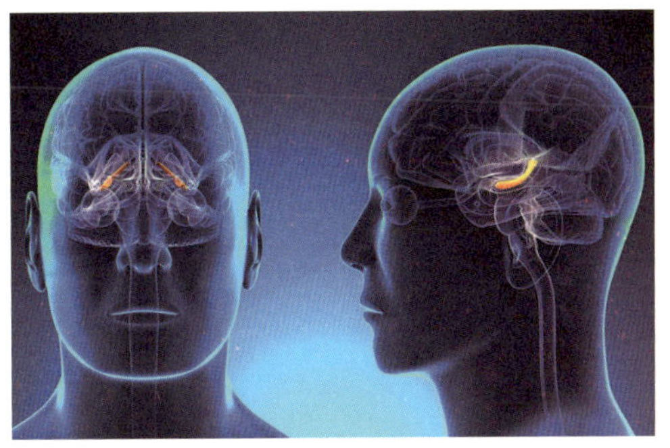

海马体的位置在这里。

记忆力差

遗憾的是，我们的记忆有时很不可靠。事实上，我们经常会出现记忆偏差——甚至根本就记不住。我们“调取”记忆的次数越多，记忆的准确程度就越高。

很多人感觉很难在迷宫中找到出路。

感受与情绪

人脑能做许多了不起的事情，其中之一就是控制我们的情绪。因此，无论你是快乐还是悲伤，无聊还是愤怒，这些情绪都是人脑带给你的。而所有的感受和情绪其实都来自人脑的一个特殊部位——杏仁体。

杏仁体

人脑的左右两侧各有一小团细胞，它们就是杏仁体。杏仁体的形状有点像杏仁，它的名字“amygdala”在拉丁语中就是杏仁的意思。

杏仁体属于边缘系统。这一结构专门控制我们的情绪以及对外界的反应。如果你做的是自己喜欢的事，那么杏仁体马上就将它“记录下来”，并且让你产生开心的感觉。如果有人说了令你反感的话，那么杏仁体就会让你感到愤怒或者厌烦。它通过让人产生不同的感受控制我们的情绪。

恐惧

除了控制情绪，杏仁体还是我们的“恐惧中枢”。正是因为有了它，我们才会对自己无法控制的事物产生恐惧感。杏仁体会让我们对某些情况（这些情况往往会引发我们的情绪）做出反应，尤其是那些在我们看来会构成威胁或者带来危险的事情。

杏仁体——恐惧与快乐并存

在面对一些特定事物时，杏仁体会让我们产生害怕或者安逸的感觉。

在看到狼蛛的时候，即使它不会伤人，杏仁体也会引发我们的恐惧感，让我们产生想要远离或者自保的念头。杏仁体无法区分它所认为的威胁和真正的危险。

看到毛茸茸的兔子，我们则会做出另一种反应。我们会感到愉悦，忍不住想靠近抚摸它。这也许勾起了以往我们与兔子或其他动物在一起时的愉快回忆。

小脑

虽然小脑比大脑小得多，但它仍是人脑的一个重要组成部分。如果没有小脑，我们根本没法站稳，因为它控制着身体的平衡。

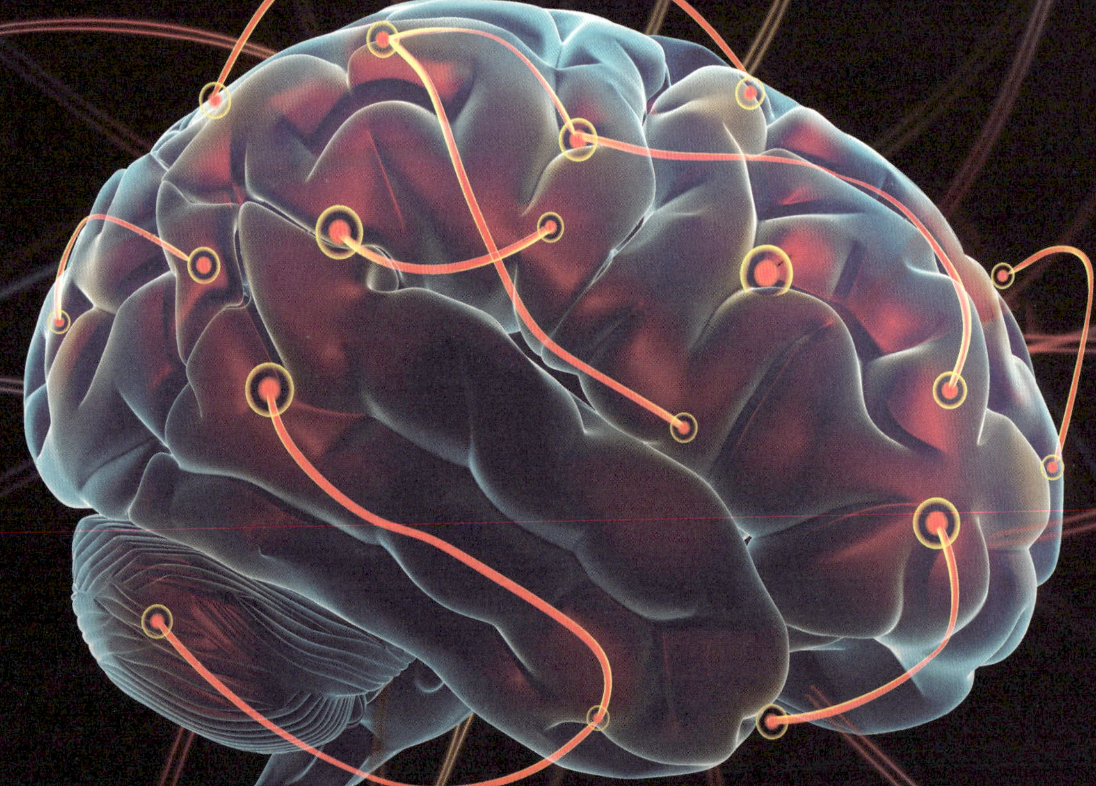

站立行走

婴儿时期的我们总是到处爬来爬去。后来有一天，我们站了起来，还能用双脚一前一后交替行走。

我们学会走路了。在全身肌肉的配合下，我们保持着平衡。此时，小脑已经充分发育，能够控制我们的行走方式和肌肉的活动——也就是身体的协调性。

手眼协调

人们常常称赞网球、棒球等球类运动员拥有超强的手眼协调能力，这其实都是小脑的功劳。假设网球以一百多千米每小时的速度向运动员飞来。为了将球击过球网，小脑就必须计算出球速和运动员手臂需要移动的距离。只花了零点几秒，它就得出了答案。小脑会根据运动员看到的信息将视觉信号转变为动作，并指导身体配合完成。

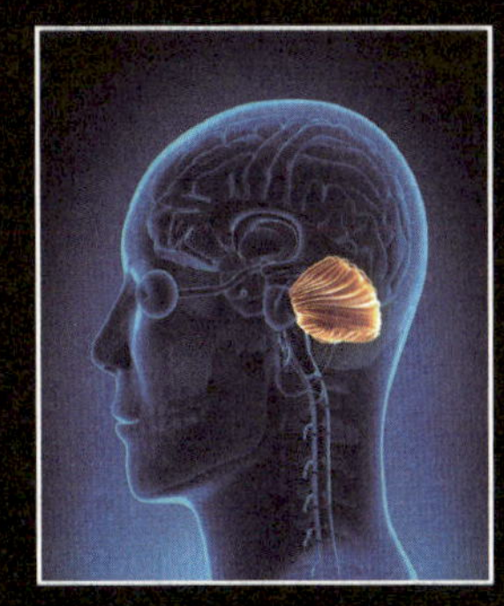

你的小脑就在这里。

肌肉的协调与平衡

观看过体操比赛你就会发现，体操运动员的肌肉协调性非常好，他们能在双杠上轻松保持平衡。多亏了小脑，他们才能拥有如此高水平的协调性和平衡能力。

小脑的英文“cerebellum”源自拉丁语，意思是“很小的脑子”。

脑干

脑干位于小脑的前方，大脑的下面。它长得有点儿像一颗西兰花。脑干将大脑与脊髓连接起来，脊髓沿着颈部向下延伸至背部。脑干是我们“传输系统”中非常繁忙的一个部分。

全都要靠它

脑干的职责非常重要。它能在我们不知不觉中，维持身体的正常运转。它能控制呼吸、消化和血液循环——这些都是在我们毫无意识的情况下进行的。

脑干通过控制人体的不随意肌完成自己的工作。

当你全力以赴想要赢得比赛时，心跳就会加速。

不随意肌

不随意肌是指自动工作的肌肉，也就是说不需要我们用意识进行控制的肌肉，比如心肌。如果我们每次需要心脏跳动的时候都得跟它打个招呼，那就太麻烦了。同样的道理，我们也不必命令肠胃去消化刚吃下去的食物，或者告诉肺在什么时候应该怎样呼吸。

脑干承担了这些工作，让我们摆脱了不必要的麻烦。它告诉不随意肌该做什么，它们自然会完成分内的事——比如，当你在跑步比赛中奋力奔跑时，脑干会让心脏加速跳动，为你泵出更多的血液。

脑干还能控制我们清醒与睡眠之间的转换。

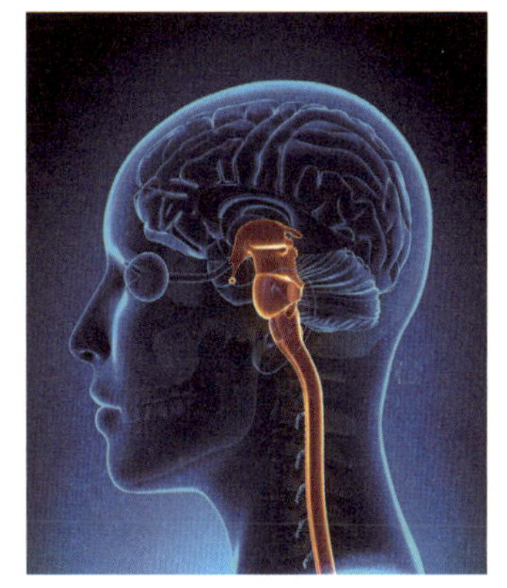

脑干的位置在这里。

信息分类

除了控制不随意肌，脑干还负责一项重要的工作。作为我们的“传输要道”，它将大脑和脊髓连接起来，让所有信息在全身各处进行传递。

脑干将大脑与身体相互传递的信息进行分类，再将它们分别发送出去。例如，它将触觉信息发给大脑中控制触觉的部分，将视觉信息发给控制视觉的部分，以此类推。

接着，脑干再对脑干返回的全部信息进行分类，将它们传递给身体的各个部位。如果说人脑是一间办公室，那么脑干就是一位得力的秘书。

最高速度

信息进出人脑的速度为1.5至431千米每小时。最快的时候，信息传递的速度甚至超过了一级方程式赛车的速度。

一级方程式赛车的速度能达到360千米每小时。

神经科学

研究人脑和神经系统的医学家被称为神经科学家。他们主要探寻的问题包括药物对人脑的影响、引起疼痛的因素以及人们需要睡眠的原因等，此外还涉及压力、情绪、记忆等内容。

最早的“人脑”

古埃及人最早在书面记录中使用了“人脑”一词。人们在公元前1700年的古莎草纸文献中发现了它；然而根据上面的记载，它最初出现的时间可能还要再早1300年。这份文献详细描述了一些医疗病例，并且首次记录了人脑的组成部分，包括脑膜、脊髓和脑脊液。

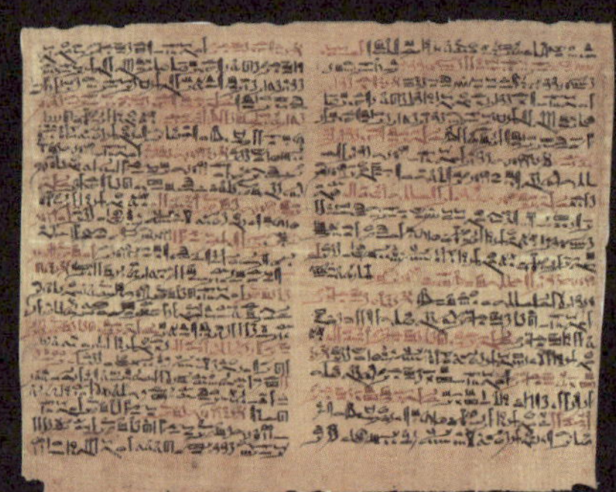

古埃及的莎草纸。

X光

19世纪末，人们首次用上了X光，这是医学领域的一次重大突破——我们终于可以看到身体内部的样子。

不过，X光片是二维图像，也就是说，它拍出的只是平面的照片，不像雕像那么具有立体感。20世纪70年代，英国工程师戈弗雷·亨斯菲尔德（Godfrey Hounsfield）想出了改进方法。他对身体的同一部位拍摄了多张X光片，但是每张的拍摄角度略有不同。然后，他将这些X光片放进计算机，生成了一个横截面的图像。这便是日后各种复杂扫描设备的雏形。

高科技设备

如今，神经科学家研究人脑的设备十分先进，其中包括MRI、CT和PET扫描仪器。

CT也就是“电子计算机断层扫描”，英文全称是：Computed Tomography。它用一系列X光来扫描头部，然后再将拍好的照片冲洗出来。

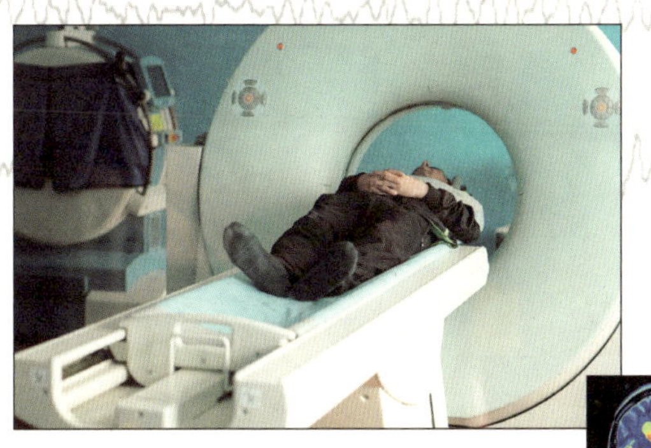

患者被送入磁共振成像设备中。

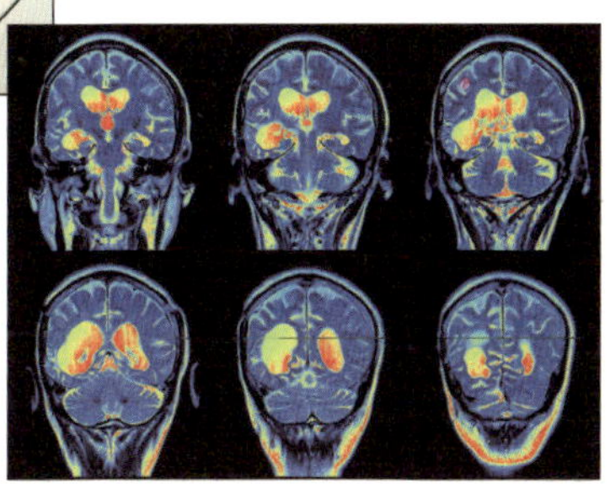

MRI检测无线电波经过人脑时发出的信号。

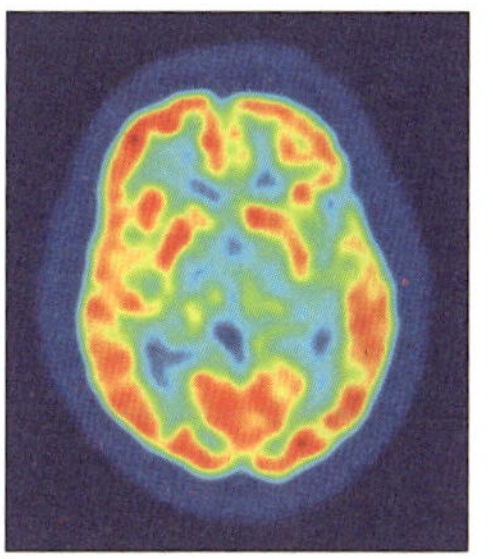

PET（Positron Emission Tomography）扫描是将特殊的物质注入人脑当中，然后研究它们发回的信号。

MRI

MRI也就是“磁共振成像”，英文全称是：Magnetic Resonance Imaging，它能检测到无线电波在磁场中移动时产生的射频信号。具体的原理非常复杂。

MRI设备能从多个不同的角度向科学家还原出人脑的真实样貌。这样一来，我们既不需要开刀，也无须接触X光等有害的放射性物质，就可以直接观察到人脑内部的工作情况。因此，MRI安全无痛，也不需要外科手术。

未来可期

如今，神经科学家对人脑的了解与过去相比有了长足的进步。他们知道人脑各部分的功能，也观察到了脑细胞的形态。他们对某些影响神经系统（包括人脑）的药物有了更深入的研究。即便如此，他们坦承要学的东西仍然有很多！

行为方式

为什么每个人的行为方式各不相同？很显然，这与我们人脑的控制模式有关。可是，如果只有人脑在起作用，那么大家的表现应该都差不多。然而事实并非如此！

父母的鼓励对培养学习技能十分关键。

习得行为

很多时候，我们的行为方式确实有相似之处。例如，电灯突然熄灭的时候，我们都知道应该怎么做。大脑会命令我们重新打开灯，于是我们照办。这就叫作“习得行为”。

班级学习提供了和同龄人一起实践和相互竞争的机会。

影响因素

我们从一出生就开始接收外界的信息。在整个童年阶段，这样的信息向我们不断涌来。为了在需要的时候方便调用，我们逐渐形成了一个记忆库。同时，我们的大脑也相应地发生了变化，变得能够处理这些信息。

80%的脑细胞是在出生后头两年里生长出来的。

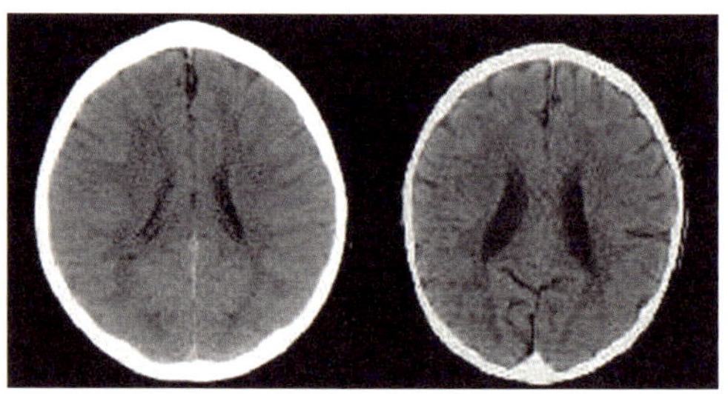

科学家发现，生来从未得到过关爱与鼓励的孩子，到了三岁的时候，大脑发育得会比正常人小，而且这种伤害无法逆转。

记忆库

我们的很多行为都会受到外界的影响。很多人和物都会成为我们记忆库中的一分子——父母、兄弟姐妹、其他家庭成员、朋友和老师；之后还有书本、电视节目、政治和社交媒体。

慢慢地，我们建立了一套“该做什么和不该做什么”的行为模式。大多数人会根据这套模式决定自己想继续或者想放弃的事。这样的选择便决定了我们的行为。

杏仁体警告

如果我们做了坏事，杏仁体（与情绪关系密切）就会让我们产生内疚的感觉。这种滋味不太好受，因此我们会尽量避免重蹈覆辙。

因人而异

我们知道，每个人的行为方式都不太一样。有的人选了这条路，而有的人则踏上另一条旅途。为什么有的人喜欢冒险、愿意接受挑战，而有的人却甘于平静的生活？为什么有的人善良慷慨，而有的人却吝啬小气？

四种行为方式

一些科学家认为，人脑有四个影响我们性格的主导区域。它们位于人脑的上半部分和下半部分。而它们协同合作的方式才是关键。

行动派：这类人通常同时使用人脑的上下两部分。他们倾向于计划、行动，以及了解行动所产生的结果。

感受派：这类人通常使用人脑的下半部分，试图理解发生的行为以及它们的意义。但是他们很少展开行动。

激励派：这类人通常使用人脑的上半部分，喜欢别出心裁，富有创造性，不过有时会走向极端！

适应派：这类人不会特地使用人脑的上半部分或者下半部分。他们既不做规划，也不去试图理解事情的含义，不过他们会对眼前发生的事件做出反应，并且“甘愿”参与其中。

智力

我们到底有多聪明呢？嗯，这取决于我们如何定义“聪明”。其中一种衡量方法就是考查学习对于我们的难易程度、我们学到了多少知识以及如何应用它们。

我们如何学习

学习是获得新知识和新技能的能力，我们既可以向他人讨教，也可以通过自身经历增长见识。但是，不管学到什么，最重要的是不能忘记它。因此，想变聪明的话，学习和记忆是缺一不可的。

学习型大脑

如今科学家明白，人脑永远不会停止改变，它会根据我们所学知识和周围环境，不断地调整和适应。

通过学习，有两种变化会悄然发生。一种变化会出现在每个神经元的内部，尤其是在突触里；另一种变化则是神经元之间的突触间隙增多了。

从经验中学习

从11岁开始，马拉拉·尤萨夫扎伊（Malala Yousafzai）就在博客上记录自己在巴基斯坦塔利班统治下的生活。2012年，她的头部和颈部遭受枪击，所幸没有危及生命。这位勇敢的女孩后来获得了诺贝尔和平奖。她还在联合国发表演讲，为全世界儿童争取受教育的权利。

记忆的转化

我们获取的新信息起初被储存在“短期”记忆中。这种记忆只能让我们回想起少量信息。有的科学家认为，短期记忆是通过人脑中的电化学活动产生的。于是，一个神经元刺激另一个神经元，这个神经元又继续刺激下一个，以此类推。

经过一段时间后，同样的信息就被转移进了长期记忆里。这是我们的永久记忆库。之所以发生这样的转变，是因为人脑中的神经元和突触发生了变化。

人脑很容易就能学会记忆新的技能。

超级天才

阿尔伯特·爱因斯坦（Albert Einstein）的大脑有1230克，比普通人的小了10%。

我们总以为智力与大脑的大小有关，显然，事实并非如此！爱因斯坦之所以聪明过人，是因为他大脑中神经元的数量超出了平均水平。

雅各布·巴尼特（Jacob Barnett）是世界上最年轻的科研人员。八岁那年，他就通过了美国印第安纳大学的物理课；九岁时就对爱因斯坦的相对论进行了拓展。据说雅各布的智商超过了爱因斯坦！

由于身患自闭症，雅各布凭借自身影响力为自闭症儿童创办了一家慈善机构。

IQ 测试

智商测试是对一个人“智商”(Intelligence Quotiet，IQ)的心理测试。但是，科学家并不认同这类测试！他们当中很少有人相信它能准确测出智商。因为为了得到特定结果，这类测试往往会带有偏向性。

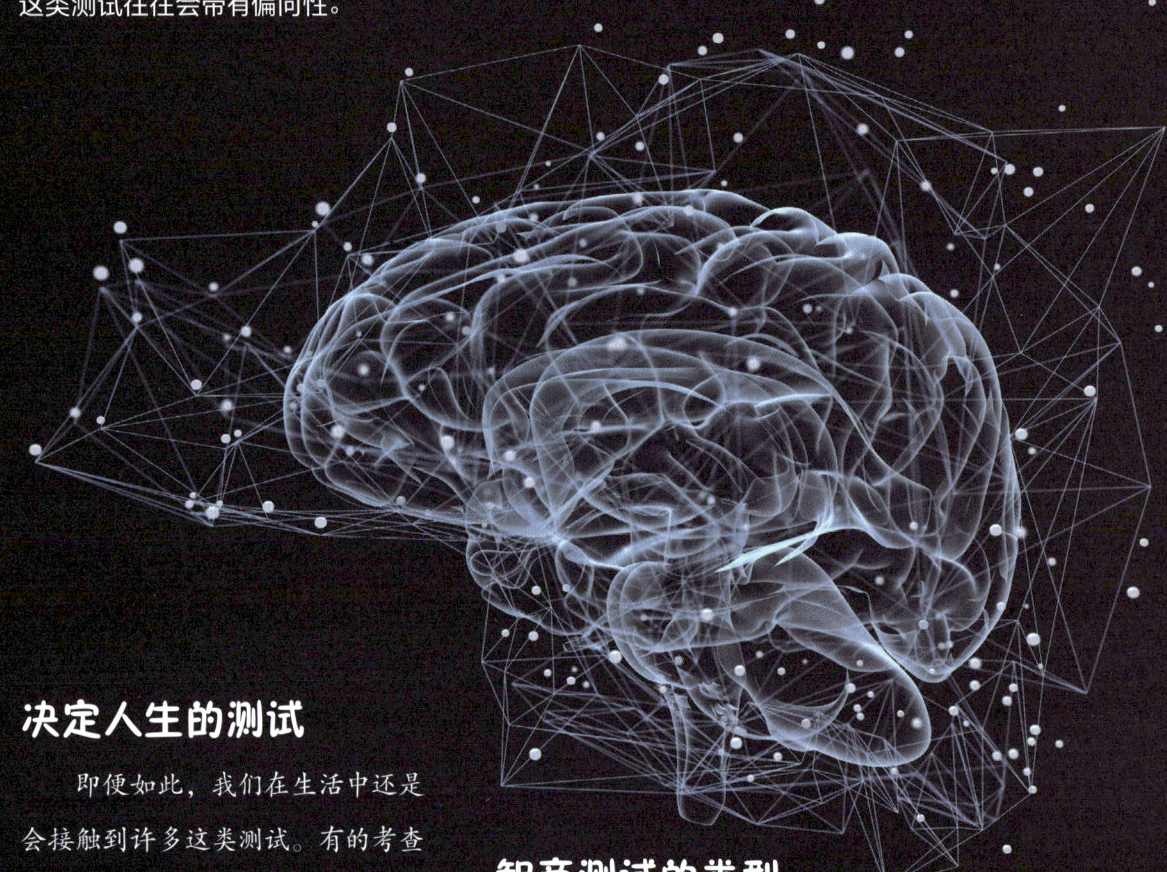

决定人生的测试

即便如此，我们在生活中还是会接触到许多这类测试。有的考查我们对学科知识的掌握，有的则要求我们运用推理和逻辑来解决未知的问题。

而且，这些测试往往决定了我们未来的人生道路——比如，能否进入某所学校，或者能否获得某个职位。

智商测试的类型

类比题——比较各组数字、字母或者文字。

图形题——填入正确的形状。

分类题——选出同类或者不同类的事物。

视觉题——与形状和图像相关的问题。

空间题——形状和方向。

逻辑题——推测接下来可能发生的事。

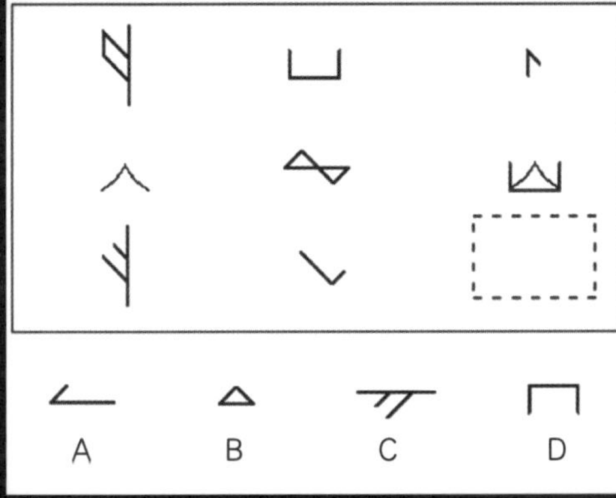

5. 宴会结束后，十个人互相握手，请问他们一共要握多少次手？

A.100　B.20　C.45　D.5　E.90

6. 下列选项中，哪一个与其他几个不同？

A. 苹果　B. 果酱　C. 橘子

D. 樱桃　E. 葡萄

正确答案：

1. F
2. C（parakeet，长尾鹦鹉）
3. A
4. A
5. C
6. B

人工智能

人工智能，简称AI，是人类在机器中创造出来的智能。“人工”说明它是由人创造的，因此它不同于人类和其他动物大脑中的自然智能。不过，科学家制造的人工智能机器总有一天会超越我们！

机器人

普通机器人（非人工智能）可以按照设定好的程序完成重复或者危险的工作。

普通机器人只是一台机器。它只会按部就班地依照计算机程序来执行任务。也许它看起来很能干，但只有当它获得人工智能时，才能真正变得“聪明”。

拥有人工智能的机器人能够学习新的技能，而不仅仅遵循既定的程序行事。它更像一个人，因为它有自主选择的能力。事实上，新造好的人工智能一开始有可能非常笨拙。它也许还会犯错——不过就像小孩一样，它会从错误中吸取教训，变得越来越能干。

NAO仿人智能机器人是由沃森程序控制的。它可以跟我们说话，感知我们的情绪，还能帮助我们健身。

人工智能的应用

人工智能可以应用于许多不同的领域。它不但能够代替我们思考极其复杂的问题，还可以成为游戏的玩伴。它既能够执行程序设定的任务，也可以控制其他的机器人。这样一来，它将会对我们周围的世界产生影响。它还可以操纵虚拟身体，与我们在虚拟现实世界中互动。

比人脑还快

计算机能像人脑一样快速运转吗？人脑每秒钟可以进行10千万亿次（也就是10000 0000 0000 0000）的计算。

IBM制造的沃森超级计算机每秒的计算速度可以达到80千万亿次。中国的神威·太湖之光超级计算机的速度是我们大脑的9.3倍。因此，超级计算机的思考速度已经比人脑快了9倍。有了这种技术，相信很快就会造出能与人类相媲美的人工智能机器人。

一群年轻人正在享受手机上的虚拟现实游戏。

不断缩小的大脑

我们常常感叹，现代人变得越来越聪明了！不过科学家发现，大约从一两万年前开始，人脑就一直在不断萎缩。没错，它变得越来越小了。

回顾历史

在两百万年的进化过程中，人脑是不断增长的。但是，在过去的两万年里，人脑的平均容积从1500毫升下降到1350毫升——缩小了一个网球的大小。而且这种情况并非个例，而是普遍现象。那么，这是否意味着我们会越来越笨呢？

注意力持续时间

我们注意力的持续时间变得越来越短。2000年，注意力的平均维持时间是12秒。如今这个数字已经下降到8秒，甚至比金鱼9秒的注意力持续时间还要短。

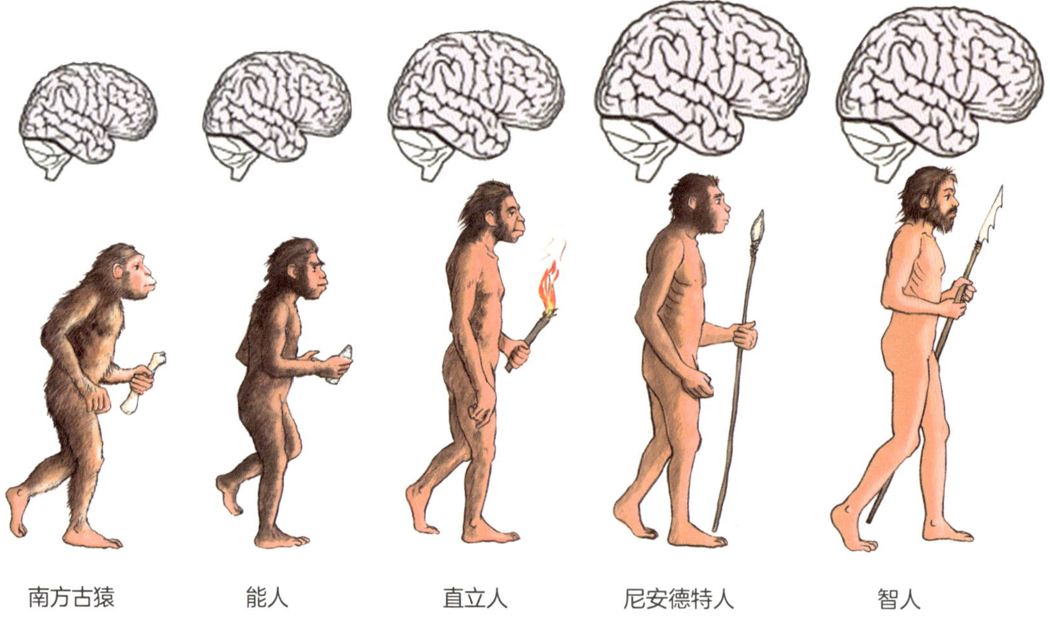

为什么会缩小

科学家还没有弄清楚我们脑容量缩小的确切原因。关于这个问题，大家的看法也不尽相同。

有的人认为，随着人体肌肉减少，人脑自然就会缩小。但是研究表明，人脑缩小的速度已经超过了身材的变化。

还有人认为，人脑之所以会缩小，是因为我们的推理能力下降了——毕竟，我们总是依赖机器和媒体，让它们代替自己思考，那么自然就不需要大的脑容量了！

人口越多，脑子越小

在进化的大部分时间里，人口增长比较缓慢，我们的脑容量在不断增加。后来，随着人口快速增长，脑容量就开始不断减少。这是因为我们有更多的人可以依靠，不需要很聪明也能生存下去。

自我驯化

人脑变小的另一个原因可能在于人类的自我驯化。我们变得更富有同情心，而且少了几分攻击性。

大多数被驯化的动物都会表现出这个倾向。例如，狗的大脑就比狼的小。因此，狼更善于独自解决问题，而狗更愿意依赖人类的帮助。

科学家正在研究长期使用计算机对人脑造成的影响。

用“电子产品”过多影响人脑

还有的科学家认为，现代人很少积极地追求快乐，也不愿意与他人交往，他们总是在计算机跟前无休止地玩游戏，这样就导致人脑额叶中的灰质出现萎缩。

人脑趣闻

会思考的心脏

人类并非一直都看重大脑。古希腊哲学家亚里士多德就认为，智慧深埋在心中，而不是在脑袋里。

古埃及人制作木乃伊的时候，会把死者的脑子顺着鼻孔掏出来丢掉，但是将心脏和其他器官小心地切除并保存起来。

点亮灯泡

人脑可以产生12至25瓦的电能，足以点亮一只低瓦数的LED灯泡。

音乐的魔力

音乐可以激活人脑释放能带来“快乐”的多巴胺。当你吃饭的时候，大脑也会释放出这种化学物质。

出租车行业的“巨头”

一项针对英国伦敦出租车司机的研究表明，他们的海马体比正常人的大。也就是说，当你记住的信息越多，海马体也会相应地增长。

好皱啊

大脑的表面看起来皱皱巴巴，这是因为它被折叠起来。折叠有助于减少外表面的压力，还可以让不断扩张的大脑皮层能够放进颅骨当中。每个人的大脑皮层都有它独特的折叠方式。

做梦

每个人（包括盲人）至少有一两个小时在做梦，我们每晚平均要做四到七个梦。进入睡眠状态并不代表人脑就会停止工作。恰恰相反！做梦时的脑波反而比清醒时更加活跃。

思考与遗忘

我们平均每天会产生7万个想法。不妨休息一下！忘掉一些琐事反而对大脑有好处，有助于保持神经系统的可塑性。

另外，如果你偶尔做白日梦，也不必担心。因为这个时候大脑的活跃程度和它休息时的状态差不多。

哈哈大笑

被一个笑话逗得哈哈大笑需要用到人脑的五个不同区域。

谣言

“人脑只开发利用了10%”，这句话是没有科学根据的。事实上，人脑的每片区域都有各自的功能。此外，并不存在什么“左脑人”或者“右脑人”。大脑的左右半球总是在协同合作。还有，打喷嚏并不会让脑细胞死亡！

大数字

人脑的75%都是水。同时，它还是人体最胖的器官。它包含1000亿个神经元或神经细胞（是世界人口总数的15倍），并且当中血管的总长度约为24万千米。

词汇表

不随意肌：不依赖我们意志控制的一种自主活动的肌肉。维持我们心脏跳动的肌肉就属于不随意肌。

垂体：垂体只有豌豆大小，它能分泌激素，并将其释放到血液以及其他流经身体的液体之中。

磁共振成像（MRI）：MRI能检测到无线电波在磁场中移动时产生的射频信号。科学家用它来深入了解人脑的结构。

大脑：大脑是人脑中最大的组成部分，由两个大脑半球构成。它控制着我们的思维，包括推理、语言表达和解决问题的能力。

大脑皮层：它是人脑的最外层，由灰质组成。灰质包含了人脑思维活动的大部分物质基础。

海马体：人脑中与记忆相关的重要部位。记忆就是在这里形成并储存起来的。

化学物质：由原子、分子和元素构成的物质。它控制着人体内的多种变化。

基因：基因是有遗传效应的DNA片段。它可以指导合成蛋白质，将所携带的遗传信息表达出来，从而决定我们的样子。

激素：一种化学物质，它能够向人脑传递信息和指令，例如我们何时开始发育，又该如何成长。

进化：物种（动植物群体）的遗传性状在世代之间发生的变化，这些变化通常有利于该物种更好地生存。

可塑性：这里是指人脑发生改变的能力。当我们学习时，神经元就会与其他细胞建立新的连接或者加强现有连接，这样一来，人脑就会发生变化。

空间感：空间感是指我们分辨物体大小、形状和远近的方式。它受海马体的控制。

露西化石：露西化石是一具发现于埃塞俄比亚的古人类（被称为南方古猿）女性骨架。其脑容量约为400至500毫升。

脑脊液：一种透明液体，分布在颅骨与人脑之间，以及脑腔和脊髓周围。它对人脑起到了缓冲保护的作用。

脑膜：由硬脑膜、蛛网膜和软脑膜组成的结构，用于包裹和保护人脑。

青春期：随着年龄增长，我们会经历从儿童到成人的变化，这个阶段就叫作青春期。此时，激素会参与控制我们的生长发育。

染色体：染色体是一条螺旋状的DNA长链，上面含有遗传基因。它存在于细胞的细胞核中。

人工智能（AI）：人类在机器中建造的智能，而不是动物大脑中的自然智能。

神经科学家：神经科学家是研究神经系统（包括人脑）的科研人员。他们主要探究诸如“人为什么要睡觉”“导致疼痛的因素”等问题。

神经系统：神经系统主要包括脑和脊髓。它是由神经元组成的。

神经元：一种神经细胞。数百万个神经元连接在一起便形成了神经纤维，它能为人脑传递信息。

树突：树突是从神经元（即神经细胞）延伸出来的突起。它可以将信息从一个细胞传递给另一个细胞。

突触：突触是指一个神经元的轴突与另一个神经元的树突之间的连接。信号通过突触从一个神经元传递给另一个神经元。

小脑：小脑位于人脑后方，用于控制平衡、姿势和协调性。

杏仁体：人脑中主管情绪的部位。

运动功能：也就是我们肌肉运动的能力。它包括四肢的协调性、手指的动作和眨眼等。

战斗或逃跑：是指在危急时刻，我们在杏仁体的控制下所做出的反应。面对危险时，我们要么起身战斗，要么逃跑。

智商（IQ）：衡量我们聪明程度的一种标准。可以通过专门的智商测试进行评估。

DNA（脱氧核糖核酸）：DNA存在于细胞核中，它是带有遗传信息的一条长链。它呈双螺旋形，看起来就像一个扭曲的梯子。

索引

内 容 提 要

这套书是写给孩子的靠谱科学书，选取孩子感兴趣的“宇宙、基因、大脑、人体”等话题，用孩子感兴趣的语言讲述它们各自的秘密，让孩子能够在有趣、丰富、好玩儿的沉浸式探索中增长知识，并激发孩子的探索欲，培养孩子的科学思维。

图书在版编目（CIP）数据

酷科学 ： 全4册 / （英）萨伦娜·泰勒，（英）费利西娅·劳，（英）格里·贝利著 ；（英）麦克·菲利普斯绘 ； 雍寅译. -- 北京 ： 中国水利水电出版社，2022.6
书名原文：The Stuff.（The Stuff of the Family、The Stuff of the Universe 、The Stuff of You、The Stuff of your Brain）
ISBN 978-7-5226-0720-7

Ⅰ. ①酷… Ⅱ. ①萨… ②费… ③格… ④麦… ⑤雍… Ⅲ. ①科学知识－儿童读物 Ⅳ. ①Z228.1

中国版本图书馆CIP数据核字(2022)第086335号

北京市版权局著作权合同登记号：图字 01-2022-1665

书 名	酷科学（全四册） KU KEXUE (QUAN SI CE)
作 者	［英］萨伦娜·泰勒 费利西娅·劳 格里·贝利 著 雍寅 译
绘 者	［英］麦克·菲利普斯 绘
出版发行	中国水利水电出版社 （北京市海淀区玉渊潭南路1号D座 100038） 网址：www.waterpub.com.cn E-mail：sales@mwr.gov.cn 电话：（010）68545888（营销中心）
经 售	北京科水图书销售有限公司 电话：（010）68545874、63202643 全国各地新华书店和相关出版物销售网点
排 版	北京水利万物传媒有限公司
印 刷	山东新华印务有限公司
规 格	185mm×260mm 16开本 12印张 149千字
版 次	2022年6月第1版 2022年6月第1次印刷
定 价	189.00元

凡购买我社图书，如有缺页、倒页、脱页的，本社发行部负责调换